婴幼儿家庭养育丛书

13~15个月婴幼儿语言发展

方凤 著

人民东方出版传媒
東方出版社

主要人物介绍

目录

13~15 个月宝宝语言本领展板——9

13~15 个月宝宝家庭语言心智教养内容——15

13~15 个月宝宝语言心智养育展板——38

13~15 个月宝宝家长语言引导经验交流活动——85

13~15 个月宝宝家长儿歌分享——110

以前民间有男孩说话会迟一些的说法，其实这是不对的。

家人对孩子语言引导的作用不可忽视。

平时多和孩子说话，对孩子的语言发育帮助很大。

今天大家都有空，等会儿我们全家一起到方教授那里去好吗？
好啊，去找方教授咨询一下适合宝宝语言养育的方法！
叫上咱爸咱妈吧。
对！叫上小欢的爷爷、奶奶、外公、外婆，大家一起去！
那我们回家准备一下吧，马上就出发。
方教授，我们来了。
请进！
方教授好！
你们好！
小欢又长大了啊。

13 个月的宝宝比较容易认生，这是正常的。

宝宝由熟悉的家人陪伴，可以消除认生的情绪。

大家请坐！
谢谢！
我很乐意给您全家人做小欢宝宝的语言养育指导。
先来评估一下小欢宝宝的语言能力情况吧！
好！
请把小欢抱到评测室来。
我这就去找外婆把小欢抱过来。
妈妈抱。
小欢来啦！

13 个月龄的孩子应该能轻松地认识诸如灯、桌子、电视机这样的物品。

13 个月龄的孩子应该知道自己的名字。

13~15 个月的孩子对环境中的物品已经有了一定的认知。

小欢看到鞋子的卡片后，指着自己的脚。

小欢看到树的卡片后，用手指着窗外的大树。

13 个月龄的孩子对食物有一定的认知。

13 个月龄的孩子已经对身边的小动物有了辨识和认知的能力。

请一位家长带小欢去活动区玩，其他家长跟我去看“13~15 个月宝宝语言本领展板”。
好的，那请外婆陪小欢吧。
等会儿请家长对照 13~15 个月宝宝应具备的语言本领，自己进行评估，这样可以了解小欢宝宝的语言能力状态，还可以在养育中灵活应用，促进语言发展。
请大家阅读展板。
这里讲的是宝宝 13~15 个月时应掌握的语言本领和其相关的内容。

13~15个月宝宝语言本领展板

13~15 个月宝宝语言本领展板

【13~15 个月宝宝语言本领展板 1】

语言理解能力：

（1）能听懂成人的多数日常用语。

（2）知道自己的姓名。

（3）能认识常见的实物。

（4）能听懂大人简单的指令语，会按照大人简单的指令去做，如不哭、坐好、吃饭等。

【13~15 个月宝宝语言本领展板 2】

语言表达能力：

（1）能有意识地叫出家庭主要成员的称谓。

（2）会用几个单字词（3~5 个）表达自己的意愿或发表自己的意见，如“不”、“抱”、“吃”、“走”、“打”等。

（3）会模仿多种声音，如发出动物的叫声、模拟交通工具发出的声音等。

家长想在日常生活中促进 13~15 个月宝宝的语言发展，当好语言老师的角色，需要了解宝宝的语言能力发展状态。多数 13~15 个月的宝宝会说 3~5 个单字词语，会模仿动物的声音，能认识常见的实物等，您家 13~15 个月宝宝语言本领怎么样？请您对照“13~15 个月宝宝语言本领展板”评测一下吧！

配套教具——几何积木

（一）功能：

1. 几何积木是 13~24 个月宝宝的适龄玩具：可训练宝宝的手精细运动能力和认知能力等。
2. 积木是促进宝宝语言能力的重要游戏工具。
3. 积木还可作为评估宝宝注意力的工具。

（二）使用方法：

1. 将几何积木提供给宝宝自由玩耍。
2. 通过宝宝玩耍积木的时间，评估宝宝的注意力情况。
3. 带宝宝做积木游戏，在游戏中融入语言引导，促进宝宝的语言能力发展。
4. 对积木有兴趣的宝宝，家长可带宝宝玩 5 种以上积木拓展游戏，以提高 13~24 个月宝宝的注意力。

（注：1~2 岁宝宝的积木要大一些，最好与 0~1 岁宝宝的积木大小相仿。）

育儿心得

家长们看过展板后，觉得小欢的语言能力怎样？
小欢 13 个月大，对照展板上的内容，小欢已经都达到了。
是的，是的。
小欢的家长从宝宝出生就很重视科学育儿，现在小欢宝宝具备的语言能力就是家长有意识地当语言老师的最佳成果体现。
太好了。

接下来我来讲一讲语言心智教养的内容。
如果你们已经这样做了，那就作为语言养育参考内容吧。
请您讲给我们听听！
13~15 个月宝宝家庭语言心智教养内容

13~15个月宝宝家庭语言心智教养内容

13~15 个月宝宝家庭语言心智教养内容

13~15 个月宝宝家庭语言心智教养内容

我们已经感受到从您这儿咨询的好处。
有什么感悟吗？
我们觉得科学引导语言发展的方法和我们自己摸索的是不一样的。
嗯，是这样。
你们全家人都有当宝宝语言老师的意识，这对孩子的语言发展相当有利！
今后我们还要努力做好小欢的语言老师，请方教授多多帮助！
我会指导你们的。
谢谢！

下面我们来讨论一下
13~15 个月阶段如何让
宝宝多学新词。
太好了！
小欢学得很快，您可否多教
一些方法给我们？
好呀，我会在之后的交
流中教给您更多的词汇
拓展方法。
我们现在就开始吧！
好！

在围绕小欢宝宝洗脸和洗手的养育过程中，您计划教宝宝学哪些新词语呢？
我们在给宝宝洗脸和洗手的时候，都会一边和他说话，一边做。
你们为宝宝营造了良好的语言环境，这些都为宝宝理解词语和学说话做好了准备。
这样做非常好。
我们会让宝宝先学说最常接触的词语。
是什么词语呢？

家长可以在生活中灵活地运用语言表达宝宝的举动，比如洗手这件事，可以有意识地强化“水”、“盆”、“洗”、“手”等关键词语，再引导宝宝自己说出来。

在宝宝的词汇量小于 40 个时，每周宝宝的新词量约为 1~3 个。

宝宝学说新词的速度是由宝宝掌握的词汇量决定的。

13~15 个月的宝宝会说 3~5 个词，就属于达标了。
啊，那我们小欢不是早就达标了吗？
小欢宝宝已经能说出 20 个左右的的词汇，算是超额完成任务啦！
小欢是个聪明的孩子。
这是你们全家人的功劳呀！
哈哈哈哈……

小欢奶奶，您认为吃饭过程中能够教宝宝学哪些新词语呢？

宝宝已经会说“吃”、“勺”、“杯”。
可以再学“桌子”、“椅子”、“饭”等等。

还有“汤”、“菜”等词语呢！

大家说得很在理！

你们家已经能够灵活应用在生活中引导宝宝学新词的原则了。
是不是我们做得还不错？
当然，你们做得很好！
得到方教授的认可，我们真是太高兴了。
小欢宝宝开口说话后，要教宝宝说生活中经常接触的物品。
这样宝宝就很容易学会如何正确地说出词语。
我记下了。

家长要想当好 13~15 个月宝宝的语言发展老师，需要了解您家宝宝的语言状态，根据宝宝的语言能力在养育实践中拓展宝宝的语言。绘本以吃饭等例子教家长如何在生活中灵活促进宝宝的语言发展，尤其是家长记录宝宝已经掌握的词汇量的重要性。

配套教具——鼓

（一）功能：

1. 鼓是 13~24 个月宝宝的适龄玩具：可训练宝宝的手精细运动能力、音乐感知能力和认知能力等。
2. 鼓作为宝宝的游戏工具能促进宝宝的语言能力发展和提高宝宝的注意力。

（二）使用方法：

1. 将鼓提供给宝宝自由玩耍，发挥鼓本身的功能。
2. 带宝宝玩敲鼓的游戏，游戏中融入语言引导，促进宝宝的语言能力发展。
3. 对玩敲鼓有兴趣的宝宝，家长带宝宝玩 5 种以上敲打发声游戏，以提高 13~24 个月宝宝的注意力。

要求：能手敲，也能用棒子敲的鼓，直径 20cm 左右为宜。

育儿心得

家长要在宝宝接触各种物品时教宝宝认识物品，还要说出物品的名称和简单用途。

在宝宝接触各种物品的同时教宝宝认识物品，我们平时也这样做过。
嗯。
但我不能确定我在说的时候方法是否正确。
您能给我们示范一下吗？
当然可以！我举一些例子讲给你们听。
太好了！

嗯……我们就说吃饭这件事吧！比如……

这是碗。

碗。

宝宝每天吃饭的时候都要这么说。

坚持这么做，宝宝就能很快学会并说出来。
我们在教宝宝的时候还可以这么说……
您请讲……
碗可以盛饭，也可以盛菜，还可以盛汤……
我明白了，可以通过“碗”这个词进行词汇和语句的拓展。
你说得对。

在实际操作中，你们可以这么做……
请讲……
这是什么？
碗。
这时候，小欢妈妈应当给予宝宝表扬，并把他能说的词语记录下来。
我记下了。

一般说多少遍，宝宝就应该学会呢？
是的，说多少遍才合适呢？
这个没有明确标准，家长在宝宝有兴趣模仿学新词的时候最好能多重复几遍。
还要在宝宝有兴趣的时候啊！
是啊，否则，效果也不见得好啊。
家长要把宝宝认识并能说出的词语记录下来，不仅便于复习，还可以用作词汇量的统计。

你还记得当时讲的内容吗？
我在小欢1个月时听过方教授的课……
方教授讲过做记录的方法。
是的，那么你有没有坚持记录呢？
当然啦！我一直在坚持。
太好啦！
有机会请小欢妈妈向其他家长传授一下养育记录的经验吧。
谢谢，我很乐意。

不知道刚才说的那些，你们是否都清楚了。
我们都懂了。

那好，大家可以休息一下。你们若是想到什么问题，可以随时来找我。
好的，谢谢！

等一会儿燕燕老师会带你们看语言心智养育展板，有问题也可以咨询她。
好的。

一会儿见！
还有一个家庭在等我做咨询，那么就先到这里吧，我们一会儿见！

我们去看展板吧！
13~15 个月宝宝语言心智养育展板
你们好，我是燕燕老师。
方教授说由您带领我们看展板。
我会给你们讲解，如果有问题也可以问我。

方教授讲的这些内容我们基本都知道，但是……
有什么问题吗？
但不知道怎样引导宝宝学说新词才更有效？
别着急，展板上都有答案。
下面请大家和我一起看展板，我会对每一个展板都做些简单的讲解。
好！
大家如果不是很清楚的话，可以阅读图片下面的说明文字。

13~15个月宝宝语言心智养育展板

【13~15 个月宝宝语言心智养育展板】——洗脸环节的词语

（1）家长将准备洗脸的过程对宝宝说出来；

（2）将洗脸中宝宝的动作“解说”或“翻译”出来；

（3）反复说洗脸过程中的关键词，如：小盆、毛巾、水、脸、洗脸、手、伸手、手心、手背、擦、擦干等；

（4）家长可用图片、故事、儿歌等强化关键词，引导宝宝说出词语。

洗脚环节的词语
宝宝洗脚啦！
脚。
这是毛巾。
毛巾。
宝宝用水洗脚。
水。

（1）家长将准备洗脚的过程对宝宝说出来；

（2）将洗脚中宝宝的动作“解说”或“翻译”出来；

（3）反复说洗脚过程中的关键词，如：盆、毛巾、水、裤子、裤腿、脚、脚趾、脚底、脚背、擦、擦干等；

（4）家长可用图片、故事、儿歌等强化关键词，引导宝宝说出词语。

【13~15 个月宝宝语言心智养育展板】——洗澡环节的词语

（1）家长将准备洗澡的过程对宝宝说出来；

（2）将洗澡中宝宝的动作“解说”或“翻译”出来；

（3）反复说洗澡过程中的关键词，如：大盆、大毛巾、水、脱、衣服、裤子、穿、洗、擦、擦干等；

（4）家长可用图片、故事、儿歌等强化关键词，引导宝宝说出词语。

【13~15 个月宝宝语言心智养育展板】——日常用品类词语

①问宝宝：这是什么？
②家长讲出用品的正确名称；
③强化用品名称，解释用品的用途；
④将用品名称编成游戏，反复强化；
⑤将用品名称编成儿歌，反复强化；
⑥等宝宝能正确说出用品名称后，再学新词。

【13~15 个月宝宝语言心智养育展板】——蔬菜和水果类词语

① 问宝宝：这是什么？

② 家长讲出蔬菜或水果的正确名称；

③ 强化蔬菜或水果名称，解释其作用；

④ 将蔬菜或水果名称编成游戏，不断重复；

⑤ 将蔬菜或水果名称编成儿歌，不断重复；

⑥ 等宝宝能正确说出该名称后，再学新词。

【13~15 个月宝宝语言心智养育展板】——荤菜类词语

① 问宝宝：这是什么？

② 家长讲出荤菜的正确名称；

③ 强化荤菜名称，解释其作用；

④ 将荤菜名称编成游戏，不断重复；

⑤ 将荤菜名称编成儿歌，不断重复；

⑥ 等宝宝能正确说出该名称后，再学新词。

【13~15 个月宝宝语言心智养育展板】——粮食类词语

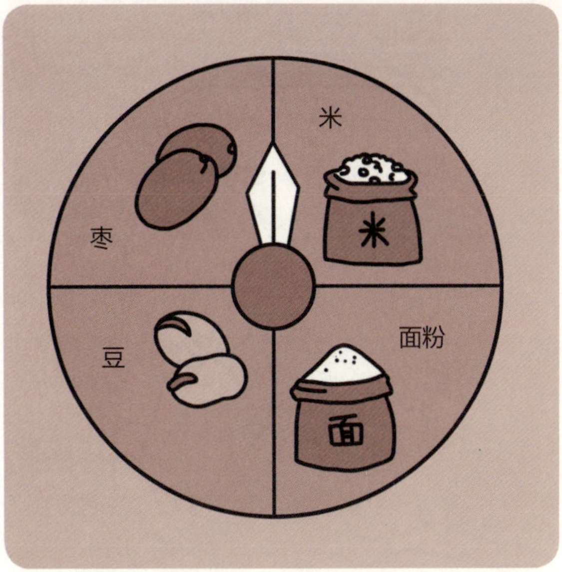

① 问宝宝：这是什么？

② 家长讲出粮食的正确名称；

③ 强化粮食名称，解释其作用；

④ 将粮食名称编成游戏，不断重复；

⑤ 将粮食名称编成儿歌，不断重复；

⑥ 等宝宝能正确说出该名称后，再学新词。

【13~15 个月宝宝语言心智养育展板】——常见食物类词语

① 问宝宝：这是什么？

② 家长讲出食物的正确名称；

③ 强化食物名称，解释其作用；

④ 将食物名称编成游戏，不断重复；

⑤ 将食物名称编成儿歌，不断重复；

⑥ 等宝宝能正确说出该名称后，再学新词。

【13~15 个月宝宝语言心智养育展板】——食具类词语

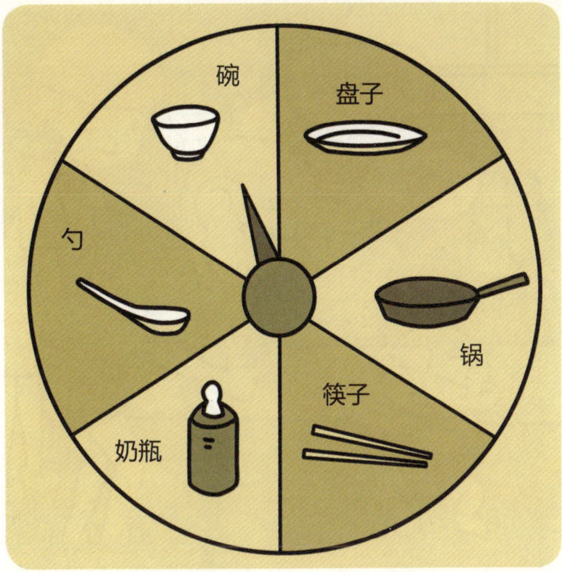

①问宝宝：这是什么？
②家长讲出食具的正确名称；
③强化食具名称，解释其作用；
④将食具名称编成游戏，不断重复；
⑤将食具名称编成儿歌，不断重复；
⑥等宝宝能正确说出该名称后，再学新词。

【13~15 个月宝宝语言心智养育展板】——与居室相关的词语

① 问宝宝：这是什么？

② 家长讲出与居室相关的词语的正确名称；

③ 强化与居室相关的词语名称，解释其作用；

④ 将与居室相关的词语名称编成游戏，不断重复；

⑤ 将与居室相关的词语名称编成儿歌，不断重复；

⑥ 等宝宝能正确说出该名称后，再学新词。

【13~15 个月宝宝语言心智养育展板】——家具类词语

①问宝宝：这是什么？

②家长讲出家具的正确名称；

③强化家具名称，解释其作用；

④将家具名称编成游戏，不断重复；

⑤将家具名称编成儿歌，不断重复；

⑥等宝宝能正确说出该名称后，再学新词。

【13~15个月宝宝语言心智养育展板】——小家电类词语

① 问宝宝：这是什么？
② 家长讲出小家电的正确名称；
③ 强化小家电名称，解释其作用；
④ 将小家电名称编成游戏，不断重复；
⑤ 将小家电名称编成儿歌，不断重复；
⑥ 等宝宝会正确说出该名称后，再学新词。

【13~15 个月宝宝语言心智养育展板】——衣物类词语

① 问宝宝：这是什么？

② 家长讲出衣物的正确名称；

③ 强化衣物名称，解释其作用；

④ 将衣物名称编成游戏，不断重复；

⑤ 将衣物名称编成儿歌，不断重复；

⑥ 等宝宝能正确说出该名称后，再学新词。

【13~15 个月宝宝语言心智养育展板】——户外实物类词语

① 问宝宝：这是什么？

② 家长讲出户外实物的正确名称；

③ 强化户外实物名称，解释其特点；

④ 将户外实物名称编成游戏，不断重复；

⑤ 将户外实物名称编成儿歌，不断重复；

⑥ 等宝宝能正确说出该名称后，再学新词。

【13~15 个月宝宝语言心智养育展板】——模仿动物的叫声

①宝宝对模仿动物叫声很感兴趣；

②问宝宝：这是什么？解释其特点；

③对照图片或实物教宝宝模仿动物叫；

④编与动物玩耍的游戏，模仿动物叫声；

⑤当宝宝会正确模仿该动物叫后，再学新内容。

【13~15 个月宝宝语言心智养育展板】——模仿禽类动物的叫声

① 宝宝对模仿禽类动物的叫声很感兴趣；

② 问宝宝：这是什么？解释其特点；

③ 对照图片或实物教宝宝模仿禽类动物叫；

④ 编与禽类动物玩耍的游戏，模仿动物叫声；

⑤ 当宝宝会正确模仿该动物叫后，再学新内容。

【13~15个月宝宝语言心智养育展板】——模仿交通工具的声音

① 宝宝对交通工具发出的声音很有兴趣；
② 问宝宝：这是什么？解释其特点；
③ 对照图片或实物教宝宝模仿交通工具发出的声音；
④ 编乘交通工具玩耍的游戏，模仿其声音；
⑤ 当宝宝会正确模仿该交通工具的声音后，再学新内容。

【13~15 个月宝宝语言心智养育展板】——模仿生活中的声音

① 宝宝对生活中的声音很有兴趣；

② 问宝宝：这是什么？解释其特点；

③ 对照图片或实物教宝宝模仿生活中的声音；

④ 编模仿生活中的声音的游戏；

⑤ 当宝宝会正确模仿该种声音后，再学新内容。

展板看完了，大家休息一下，如果有什么疑问，现在可以问我。
老师，看完这些展板内容，我们很受启发。
我想知道，你们有游戏关键词或儿歌的资料吗？我想学习学习。
有啊。但您也可以自己编游戏或儿歌，这样更加灵活适用！
嗯，我可以试试看！

过几天有一个“13~15 个月宝宝家长语言引导经验交流活动”，主题内容是“分享我的养育语言”。
哦？
小欢妈妈，我们邀请您参加，好吗？
啊，是吗？
在交流活动中，家长可以相互交流自己的养育经验，方教授在现场还会给予点评。
好啊，我们一定来！

本书让家长在轻松的漫画中具体了解了生活中该如何引导宝宝学说新词，总体原则是：

①问宝宝：这是什么？

②家长告诉宝宝正确的名称；

③对宝宝解释其作用；

④将名称编成游戏或儿歌，不断重复；

⑤等宝宝会正确说出该名称后，再学新词。

配套教具——汽车

（一）功能：

1. 汽车是 13~24 个月宝宝的适龄玩具：可训练宝宝的手眼协调能力、认知能力和身体运动能力等。

2. 汽车是多数宝宝喜欢的玩具，可以将汽车作为游戏工具来促进宝宝的语言能力发展和提高宝宝的注意力。

（二）使用方法：

1. 将汽车玩具提供给宝宝自由玩耍，发挥汽车玩具本身的功能。
2. 带宝宝玩多种汽车游戏，游戏中融入语言和儿歌，促进宝宝的语言能力发展。
3. 对汽车有兴趣的宝宝，建议家长带宝宝玩汽车拓展游戏，以提高 13~24 个月宝宝的注意力。

要求：色彩丰富，车轮能灵活滚动。不要光、电、遥控汽车。

育儿心得

小美的一家

方教授的咨询室在这里。
方教授，我们来了。

方教授您好！
你们好！

看到你们面露忧愁，需要我的帮助吗？
方教授，您说得对。我们需要您的帮助。

这是小美。
她已经 15 个月了，但是还不会叫爸爸妈妈。
小区里比她小的宝宝都会叫爸爸妈妈了，所以我们很担心。
原来是这样啊！
放心，我会尽力帮助你们。

小美的语言能力状态的确需要你们重视。
半数宝宝在 12 个月的时候就会正确说出“爸爸”或“妈妈”。
绝大多数宝宝在 14 个半月时会正确说出“爸爸”或“妈妈”。
小美已经 15 个月了，需要及早关注是否有问题。

我家小美现在的状况属于语言有问题，对吗？
的确需要重视。
宝宝 14 个半月仍不能正确说出“爸爸”或“妈妈”，那么很可能存在语言发育迟缓的问题。
请你们尽快到医院咨询诊断，以免延误纠正时机。

为什么还要到医院去咨询呀？
因为我们需要去医院排除相关疾病因素。如果是疾病就要在医院马上诊治。
如果是养育方面的问题就比较好解决。
但愿不是有什么疾病……
尽早去医院做检查，如果宝宝身体没有什么疾病，可以来找我咨询养育方面的问题。
好的，谢谢！

小美家长对照小美宝宝的语言能力，发现小美宝宝未达标。家长了解自家宝宝的语言能力发展状态，一方面是为了在生活中灵活地培养宝宝语言能力，另一方面可以及早发现宝宝语言能力未达标的苗头，尽早进行医学咨询。当排除疾病因素后，家长则需要学习家庭强化训练语言内容，越早进行训练，宝宝的语言能力追赶得越快。

配套教具——彩色笔

（一）功能：

1. 彩色笔是 13~24 个月宝宝的适龄玩具：可训练宝宝视觉统合能力、手眼协调能力、认知能力等。

2. 彩色笔作为宝宝特殊的游戏工具能促进宝宝的语言能力发展和提高宝宝的注意力。

（二）使用方法：

1. 将彩色笔提供给宝宝自由画画。

2. 家长给宝宝提供纸张，鼓励宝宝随意画，在宝宝随意画的过程中，家长用语言解释和评论，促进宝宝的语言能力发展。

3. 对喜欢拿笔乱画的宝宝，建议家长带宝宝玩用笔随意画的拓展游戏，以提高宝宝的注意力。

蜡笔要求：质地软。

13~15个月宝宝家长
语言引导经验交流活动

嗯。
我们走快点，燕燕老师邀请我们参加活动，迟到了可不好！
这次活动的主题是什么？我记不清了。
13~15个月宝宝家长语言引导经验交流活动。
我们到了。

【13~15个月宝宝家长语言引导经验交流活动】——“分享我的养育语言”

现在我们开始吧。
家长养育中引导
宝宝语言的
今天的主题是——家长养育中引导宝宝语言的经验交流。
请家长将自己养育中引导宝宝的语言经验分享给大家。
小冲妈妈，你有什么经验和大家分享？

我家小冲 14 个月了。
宝宝很喜欢和爸爸妈妈一起做模仿声音的游戏。
小冲爸爸为宝宝找了鸭、鸡、猫、狗的图片。
我们拿出动物图片和宝宝做游戏。
这是什么？
鸭子怎样叫呀？
鸭子
嘎、嘎。

小冲宝宝喜欢妈妈
编的儿歌。
自己编的儿歌？
比如……
水中谁在游泳？
鸭、鸭、鸭。
宝宝学鸭叫。
嘎、嘎、嘎。

我是小兰妈妈，我们常常用生活中常见的物品引导小兰学说词语。
比如……
小兰，这是盆。
盆。
盆。
带宝宝看家里有“盆”的地方，反复引导宝宝说话。

小兰妈妈，你的方法也很好。
接下来，家长们可以利用这个时间相互交流一下各自的育儿方法。
你们做得真好！

各位家长，方教授全程听了你们的发言，下面我们有请她来点评一下。
大家好！
每次参加家长经验分享活动都对我有很大的触动……
家长们都在努力承担老师的角色，对促进宝宝的早期发育起到了重要作用。

小冲家长与宝宝做的声音模仿游戏非常好。
嘎。
让宝宝在亲子互动中既正确发出声音，又通过游戏反复模仿……
……并且宝宝喜欢与爸爸妈妈重复游戏，这非常有益于宝宝建立良好的情绪。
大家可以学习并采用小冲家长的方法！

小兰妈妈的方法也非常值得借鉴。
小兰妈妈的方法是：使用生活中常见的物品引导宝宝说出正确的名称。
小兰妈妈引导宝宝在家里寻找物品，通过重复语言，使宝宝能够正确说出名称。
小兰妈妈所做的，是适合 13~15 个月宝宝的语言促进方法。

很多家长谈到在生活中为宝宝编写儿歌。
宝宝对儿歌非常感兴趣，所以，儿歌可以增加宝宝学词语的兴趣。
儿歌是常用且有效的方法之一。
家长们为自己的宝宝编写儿歌，对宝宝学词语的帮助会非常大！
那太好了！

利用今天这个机会，我要给家长们一个在幼儿语言应答教育方面的建议……
建议？
是的。
这对培养宝宝的稳定情绪有益，并且能避免宝宝养成不良习惯。
这对我们很重要！
请方教授告诉我们！
好的。
我先举个例子吧……

比如，合理引导宝宝懂得“打”。
是的，我发现小欢宝宝最近经常说“打”。
小欢有时就用手打人，但打得并不重。
打。
是这样吗？
是这样的。

孩子这样是不是有问题？
是不是很不好？
宝宝会说“打”字，意味着他在理解“打”这个词语。
那遇到这种情况，我们该怎么办？
此时家长可以拿出如枕头这样的软性物品或玩具，让孩子体验“打”的动作，并说出正确的发音。

当孩子在打的时候，我们就这样做：
打。
这招可没有想到。
是的。
但是，宝宝若是学会动手打人，那可怎么办呢？
该批评的时候一定要批评，不能让孩子养成坏习惯。

如果宝宝边说“打”边动手打人，家长一定要批评制止。
不能打人！
打人不是好孩子！
批评后家长要转移宝宝的注意力，一定要避免动手打骂教育宝宝。
是。

如果不去阻止，宝宝会怎么样呢？
当宝宝动手打人的时候，如果家长不制止，就起到了鼓励的作用。
这样下去，宝宝以后容易养成打人的坏习惯。
噢，后果还挺严重的呀！

以后我们给宝宝能够敲打的玩具，让宝宝敲打玩具。
敲打的玩具？
这样可以满足宝宝练习说“打”这个词语的愿望。
嗯！这样做是可以的。

今天的活动就到这里。
我们会将家长的儿歌列在展板上，给大家参考。
建议家长以自家宝宝的语言状态为准，在生活中促进孩子语言发展。
由于每个宝宝的语言发展能力存在差异，所以家长们不要拿宝宝相互比较！
增加词汇量是个循序渐进的过程，不能操之过急。

以“家长语言引导经验交流活动”形式让家长们分享引导13~15个月宝宝语言的经验和养育的快乐，同时提醒家长在教宝宝说“打”字的同时合理引导宝宝体验“打”的动作。

配套教具——沙包

（一）功能：

1. 沙包是13~24个月宝宝的适龄玩具：可训练宝宝的手眼协调能力和身体协调能力等。

2. 根据13~24个月宝宝喜欢扔物品的特征，将沙包作为宝宝语言游戏的工具，促进宝宝的语言能力发展。

（二）使用方法：

1. 将沙包提供给宝宝自由玩耍。
2. 带宝宝玩沙包游戏，游戏中融入语言和儿歌，促进宝宝的语言能力发展。
3. 对投掷沙包有兴趣的宝宝，家长带宝宝玩投掷拓展游戏，以提高宝宝的注意力。

沙包要求：沙包要牢固，重量适中。

育儿心得

小欢家
家长交流活动已经过去 1 周了。
是啊。
我要到亲子活动中心去看看展板。
什么时候去？

你是想看看有没有
咱们家的作品吧？
我想现在去。
哈哈，你说对啦！
正好等会儿小欢他爸爸妈妈要带
他出去玩，我陪你一起去吧！
太好了！

快看，在这里！
是的，我们仔细看看！

13~15个月宝宝家长儿歌分享

【13~15 个月宝宝家长儿歌分享】

这个是什么？
鸭、鸭、鸭；
水中谁在游泳？
鸭、鸭、鸭；
岸上谁在行走？
鸭、鸭、鸭；
小鸭怎么叫？
嘎、嘎、嘎；
宝宝学鸭叫：嘎、嘎、嘎。

①家长说儿歌前半句，宝宝说儿歌后半句。

②模仿其他动物，均可按照此儿歌句式。

【13~15 个月宝宝家长儿歌分享】

说出日常用品词语——

这个是什么？
盆、盆、盆；
洗脸用什么？
盆、盆、盆；
洗衣用什么？
盆、盆、盆；
洗菜用什么？
盆、盆、盆；
卫生间里有什么？
盆、盆、盆。

①家长说儿歌前半句，宝宝说儿歌后半句。
②说出其他物品名称，均可按照此儿歌句式。

【13~15 个月宝宝家长儿歌分享】

这个是什么？
碗、碗、碗；
吃饭用什么？
碗、碗、碗；
装饭用什么？
碗、碗、碗；
装菜用什么？
碗、碗、碗；
碗橱里面有什么？
碗、碗、碗。

①家长说儿歌前半句，宝宝说儿歌后半句 。

②说出其他食具名称，均可按照此儿歌句式。

老头子，这下开心了吧！
哈哈哈。
我想以后也为小欢编几首儿歌。
好啊！
老头子，你可不能光说不练啊！
哈哈，那是当然。

小欢奶奶好！小欢爷爷好！
莉莉老师好，我们来学习展板上的内容。
你们家祖孙三代的养育方式完全符合科学养育的要求！
谢谢夸奖！
我们能够科学养育还是应该归功于社区的育儿指导。

方教授经常说养育宝宝是在考验家长的毅力。
说起来简单，其实需要家长在孩子身上花很多的心思。
是啊，家长也在养育中共同成长！
确实如此啊！
我们走啦，再见莉莉老师！
再见！